Hipnosia

hipnotizatzen ikastea
urratsez urrats

Arnold Buzdygan

arnold@buzdygan.com

EDUKIEN TAULA

26. OHARRAK.

27. OHARRAK ETA AHOLKUAK.

ZER MEREZI DU IRAKURTZEA...

Albiste orokorrak

Hipnosiaren definizioa.

Ikertzaile askok hipnosiari buruz hitz egin dute, teoria, hipotesi eta definizio asko sortu dira, baina horietako bat ere ez dute mediku guztiek onartzen. Egoera hau hipnosian gertatzen diren fenomenoak beste kontzientzia-egoeretan ere gertatzearen ondorioa da, beraz, ez dago fenomenoaren agerpena bermatuko lukeen determinatzaile fisiologiko argirik. Zientzialari gehienek hipnosiaren definizio hau onartzen dute:

"Hipnosia subjektuaren arreta aldatutako egoera bat da, beste pertsona batek eragin dezakeena edo berez gerta daitekeena, zeinetan subjektuaren erantzun desberdinak berez edo hainbat estimuluren aurrean gerta daitezkeen".

Gaur egun, espezialista askok uste dute hipnosia kontzientzia-egoera autonomoetako bat dela (esna-egoeraren eta loaren ondoan gertatzen dena) eta edozein pertsonarengan gerta daitekeela baldintza egokiak gertatzen badira - adibidez, loa aldean gerta daiteke. muturreko nekearen eraginez momenturik desfavorableena.

Hipnosiaren termino hau hartzeak asko erraztu du hipnosiaren azterketa, "deabrutu" egin baitzuen.Hipnotizatzaile ezberdinek, teknika berdinak erabiliz ere, zergatik lortu zuten hipnotizatzaile ezberdinek hipnotizatzaile berdinetan zergatik lortu zuten.Baina idatziko dut. hau zehatzago beste kapitulu batean.

Mitoak eta uste okerrak errealitatea versus.

1. mitoa - Gezurra

Hipnosia parapsikologiatik datorren zerbait da, ziurtasun zientifikorik ez duen naturaz gaindiko fenomenoa.

Egia: Hipnosia zientifikoki egiaztatu da eta medikuntzan, zientzian eta baita polizia lanetan erabiltzen da.

2. mitoa - Gezurra

Hipnotizatzailea naturaz gaindiko ahalmenez hornitutako pertsona da.

Egia: garun txikia duen edonor hipnotizatzaile bihur daiteke. Wolbergek bere liburuetako batean pelikula bat ikusiz hipnosia ikasi zuen eta haurtzaindegiko bere kideekin arrakastaz probatu zuen urte gutxiko neska baten adibidea deskribatzen du. Dena den, mito honen ospea dela eta, baliagarria izan daiteke norberaren inguruan misterio aura bat sortzea, pertsona batzuk trantze batean jartzeko lana errazteko.

3. mitoa - Gezurra

Zure borondatearen aurka hipnotizatu zaitezke.

Egia: hipnotizatzen ari direla jakitun denak aurre egin diezaioke zailtasun handirik gabe. Hala ere, berari egindako hipnosiaren berri ez duen pertsona hipnotizatu egin daiteke, baina ezin da esan bere borondatearen aurka gertatu denik. Gainera, gertaera hori oso egoera gutxitan gerta daiteke. Horietako bat hurrengo kapituluetako batean deskribatuko dut.

4. mitoa - Gezurra

Hipnotizatuta dagoenean, hipnotizatzailearen agindu guztiak beteko ditu.

Egia: Hipnotizatutako pertsona batek, trantze sakonenean ere, inkontzienteki egoera kontrolatzen du eta ez ditu bere buruarentzat arriskutsuak diren edo bere arauekin gatazkan dauden argibideak jarraituko.

5. mitoa - Gezurra.

Hipnotizatuta dagoenean, giza gaindiko indarra dauka.

Egia: Izan ere, gorputzaren aukera eta ezkutuko erreserba guztiak (psikikoak, intelektualak eta fisikoak) ahalik eta gehien erabiltzen dira, eta horrek ematen du hipnotizatuak gizakiaz gaindiko indarra duela.

Antzeko fenomenoa muturreko estresean gertatzen da, adibidez, txakur batengandik ihesi doan gizon batek itxuraz ezinezkoa den abiadura garatzen du.

6. mitoa. - Gezurra

Pertsona "ahulak" hipnosiari men egiten dio, eta nortasun "sendoak" erresilienteak dira.

Egia: guztiz kontrakoa. Nortasun sendoak eta orekatuak irekiagoak dira eta ez diote hipnosiari beldurrik. Nortasun "ahulak" zailagoak dira hari men egitea, mehatxu sentimenduagatik.

7. mitoa - Gezurra

Agian ez zara trantze hipnotiko batetik aterako

Egia: trantze batetik ateratzea errazagoa da hipnotizatuta egotea baino. Hipnotizatuak trantzetik ateratzeko aginduei erantzuten ez badie ere, bakarrik utzita lo normal batean erori eta hipnosi egoerarik gabe esnatzen da.

Hipnosiaren kaltea.

Orain arte egindako ikerketek ez dute hipnosiaren kaltegarritasunik erakutsi. Hau gizakiaren esparru fisiko zein espiritualari dagokio. Fenomenoa bera guztiz naturala eta kaltegabea da, beste pertsonen arteko harremanak baino kaltegarriagoa edo gutxiagokoa ez den zentzuan. (Pertsonen arteko harremanak pertsonen arteko harreman ageriko, hitzezko, inkontziente, fisiko eta psikiko guztiak) esan nahi du.

Beraz, norbait mindu dezakezu, baina arrisku bera dago pertsonen arteko harreman normaletan. Berriro ere, adieraziko dut hipnosi egoera bera ez dela kaltegarria eta hipnotizatzailearen iradokizunak bakarrik izan daitezkeela kaltegarriak, estresa eragiten duten ezusteko elkarteen bidez adibidez.

Era berean, gaizki erabilitako komandoek kalteak eragin ditzakete, adibidez, minarekiko sentikortasunik eza erakustean, ezin duzu esan: "Ez duzu eskua sentitzen, ez duzu minik sentitzen...", kontrako erreakzioa eragin eta organikoa eragin dezakeelako. eskuaren mina edo inhabilitazioa.Minarekiko sentsibilitaterik lortu nahi badugu, "... orain ez zaituztet ukitu pixka batean sentituko, ez duzu sentsazio desatseginak sentituko pixka batean...".

Gainera, pertsona bera ez da gehiegi erabili behar demostrazioko hipnosi saioetarako, trantze batean bat-batean sartzeak estresa ere eragiten duelako.

Suzeptibilitate hipnotikoa.

Hipnosia trantze hipnotiko batean sartzeko gaitasuna da.

Hipnotisten ustez, populazioaren gehiengo zabala hipnosian sar daiteke. Batez ere, hipnotizatuaren egoera emozionalaren eta beste hainbat faktoreren araberakoa da. Askotan pertsona bera aldi batean trantze sakon batean sartzen da eta beste batzuetan azalekoa baino ez da, edo erresistentea da.

Alderantzizkoa ere gertatzen da. Orain arte arlo honetan zailtasunak izan dituen pertsona bat-batean kentzen da. Bide batez, azpimarratzekoa da hipnotizatuek nolabait "ikasten" dutela trantze batean sartzen eta bakoitzean errazagoa egiten zaiela.Noski, hau ez da arau bat.

Hipnotizatzaileetako batek (Kratochvil) dio populazioaren %5 inguru guztiz (ez betirako) hipnosiarekiko immunea dela. Pertsonen %25 inguru trantze sakonenean sar daiteke, eta gainerakoak hipnosi-egoera ezberdinetara iristen dira.

Hipnotizatzaile batzuek emaitza hobeak lortzen dituzte, hipnotizatuengana hobeto hurbiltzearen ondorio izan daitezkeenak, eta agian hipnotizazioaren lekuak ere zeresan handia du horretan.

Esaterako, Bernheimek dio ospitalean zituen pazienteen % 80 sakonki hipnotizatuta zegoela, pribatuan hipnotizatutakoen % 20aren aldean.

Hipnosiarekiko sentikortasuna ez dago generoaren, hezkuntzaren eta adimenaren araberakoa.

Hala ere, hauen araberakoa da:

- adina - 5 eta 17 urte bitarteko adin-taldeetan baino zertxobait handiagoa

- Hipnotizatzailearen eta hipnotizatuaren arteko harremana (aurreiritziak eta etsaiak albiste txarrak dira)

-Hipnotizatuaren ideiak hipnosiak eta hipnotizatzaileak nolakoak izan behar duen.

Aipatzekoa da sonanbuloak diren pertsonak (loa sakonak, esna eta loa bereizteko zailtasunak dituztenak esnatzean) hipnosiaren jasaten dutela eta trantze sakon batean erraz erortzen direla.

Trance sakonera.

Trancearen sakontasuna hipnotizatuak zailtasun mailaren arabera hierarkizatuta dituen iradokizunak egiteko duen gaitasuna bezala ulertzen da. Horrek esan nahi du hipnotizatuak egin beharreko aginduak zenbat eta zailagoak izan, orduan eta sakonera handiagoa izango duela trantzea. Horrez gain, trantzearen sakontasuna zehazteak hipnotizatzaileari iradokizunak egoki hautatzen laguntzen dio, ez dadin zailak ezartzeko. Trance sakonera bi eskala erabiltzen dira normalean.

Eskala deskribatzailea.

Forel-en arabera, hipnosia hiru fase nagusitan banatzen da:

- argia (logura edo logura - nekea eta erlaxazioa ditu ezaugarriak).

-ertaina (hipotaxia, hau da, lo arina) - hipnotizatuak ezin ditu begiak ireki, baina ez du memoria galtzen.

-sakona (somnambulismoa, hau da, lo sakona) - hipnotizatuak begiak ireki, hitz egin eta trantze batean ibil ditzake.

Davis eta Husband markagailua

Taula honek bere erreakzioak behatuz trantze zein sakona den hipnotizatuta jakitea ahalbidetzen du. Horrez gain, proben emaitzen nolabaiteko estandarizazioa ere ahalbidetzen du, eskala deskribatzailea baino zehatzagoa baita. Beraz, esperimentu bat egin dezakezu eta esan hipnosiaren 10. graduko A pertsona horrek hau eta hori egin duela eta B pertsonak ez duela hori egin. Horri esker, esperientziak alderatu eta egiaztatzeko aukera dago (*berretsi edo ukatu haien egia esperimentu gehiago eginez*).

Sakonera-	mailako	sintomak
Erresistentea	0	Erreakziorik ez
Hipnoidea		
	3	Erlaxazio arina
	4.	Betazalen astindua
	5	Gorputz osoko erlaxazioa
argi trans		
	6	Katalepsia begikoa
	7	Gorputz katalepsia
	10	Katalepsia zurruna
	11	Anestesia arina
Trans ertaina		
	13	Amnesia partziala
	17	Nortasunaren aldaketak
	18	Iradokizun post-hipnotiko sinpleak
	20	Ilusio zinestesikoak
trantze sakona		
	21	Begia irekitzea trantzean
	22	Iradokizun post-hipnotiko errazak
	26	Iradokizun post-hipnotiko zailak
	27	H Entzumen-aluzinazio positiboak
	29	H Entzumen-aluzinazio negatiboak
	30	H ikusizko aluzinazioak negatiboak

Sentsibilitate probak.

Baliagarriak dira subjektu bat hipnosia jasan dezakeen ala ez zehazteko. Baina ez beti iradokigarriak diren pertsonak erraz hipnotizatu daitezke. Hala ere, ezin da ukatu erraz iradokigarriak diren pertsonak hipnosiarekiko jasaten dutenik. Arazoa modu sinpleagoan aurkezteko, metodo ezagun batzuk baino ez ditut aipatuko.

Esku estuaren proba.

Hau da hipnotizatzaileek gehien erabiltzen duten metodoa, bere sinpletasunagatik eta taldean erabiltzeko aukeragatik. Proba pertsona eroso esertzen da begiak itxita. Eskutik ateratzen diren sentsazioetan kontzentratzea gomendatzen dugu. Esaten diogu eskua aulkiaren atzealdetik estutzeko, eta gero iradokitzen diogu eskua bizkar horri gero eta estuago eusten dion baraila dela. Orduan inplikatzen da barail hauek irekitzeari uko egiten diotela saiatu arren. Ondoren, arretaz behatuko dugu subjektuak eskua irekitzeko arazoak dituen ala ez. Pertsona batek eskua zenbat eta estuago estutu, orduan eta sentikorragoa da iradokizunak jasotzeko.

Esku argien proba.

Proba honetan, probatutako pertsona atean gelditzen da eskuen kanpoko aldea atearen markoaren gainean duela. Begiak itxita ditu. Eskuekin ate-markoak sakatu behar dizkiogu minutu batez. Denbora horretan, bere kabuz igotzen diren esku oso arinak dituela esaten diogu. Orduan, aurrera pauso bat ematen du. Esku hauek noraino doazen ikusten dugu. Zenbat eta altuagoa izan, orduan eta sentikortasun handiagoa iradokizunerako. Proba honek nolabaiteko interpretazio-arriskua du, eskuak altxatzea muskuluen presio diastolikoaren ondorioz baitago neurri batean. Abantaila handi bat ere badu: hipnotizatzailearen boterearen sinesmena indartzen du hipnosia hasi aurretik.

Txanpon erorketa proba.

Jarri txanpon bat proba pertsonaren esku luzatuaren gainean. Begiak ixten dizkiogu. Eskua poliki-poliki biratzen dela eta txanpona lerratzen dela iradokizunak ematen ditugu: "txanpon bat dago zure eskuan. Eskua horizontala den bitartean, txanpona geldirik dago. Baina, bat-batean, poliki-poliki biraka hasten da eta txanpona eskuaren albotik lerratzen da. Eskua biratzen da eta txanpona barrurantz irristatzen da. Ez utzi erortzen..." Testu hau behin baino gehiagotan errepikatzen dugu. Probatutako pertsonak txanpona labaintzen ari dela irudipena badu, eskua urrunduz erreakzionatzen du. Norbaitek horrelako erreakzioak baditu, esan nahi du iradokizunak jasaten dituztenak.ez diote batere erantzuten proba honi.

Trance teknika.

Aurretiazko elkarrizketa.

Hipnotizazioaren ikastaro zuzena honako hau izan behar da:

- Aurretiazko elkarrizketa

- Hipnotizatua etzan

- Trancerako sarrera

- Trancean sakontzea

- Trancetik ateratzea

Hasierako elkarrizketa hipnosiaren etapa oso garrantzitsua da, eta, hala ere, sarritan baztertzen da (normalean hipnotizatzailearen alferkeriagatik eta bere indarrekiko gehiegizko fedeagatik). Hasierako elkarrizketak hipnotizatzaileak hipnotizatutako pertsonak hipnosiari buruz dituen ideien ideia bat izateko aukera ematen du. Ezagutza horri esker, hipnotizatzaileak ekintza-biderik onena har dezake horrelako pertsona bati aurre egiteko.

Hasierako elkarrizketan honako hau egin beharko zenuke:

- hipnotizatuarengandik hipnosiari buruz zer pentsatzen duen eta dakiena aurkitzea.

Hipnosia zerbait misteriotsutzat hartzen badu, ez da beti beharrezkoa nola den benetan azaltzea, halako sinesmen batek erraztu egin dezakeelako hipnosian sartzea.

- hipnotizatuaren beldur posibleak ezabatu.

Jende gehienak trantzetik ez ateratzearen beldur dira. Orduan hori ez dela posible azaldu behar diezu, zeren hipnotizatuta geratzen denean bere kabuz lokartzen da, eta orduan esnatu besterik ez duzu egin behar.

- zein teknika eta zein ikuspegi aukeratu jakiteko.

Hipnotizatutako pertsona kokatzea.

Hipnotizatua etzan edo eser daiteke. Garrantzitsua da posizio eroso batean egotea.

Eserita dagoenean, hipnotizatua albo batera apur bat okertuta esertzen da, gorputzaren aldea alboko euskarrian makurtuta dagoela. Burua buru-euskarriaren gainean dago, eta eskuak aulkiaren bizkarraldean. Hankak ia zuzen egon behar dira eta puf baxu baten edo antzeko zerbaiten gainean egon behar dute.

Kasu honetan, hipnotizatzailea aulkiaren ondoan esertzen da, hipnotizatzailea makurtuta dagoenaren kontrako aldean.

Etzanda dagoenean, onena da hipnotizatua bizkarrean etzanda, burua burko txiki baten gainean altxatuta, besoak ukondoetan tolestuta daudenean. Ukondoak gorputzetik urrun egon behar dira eta eskuak harekin kontaktuan egon behar dira. Horrela, eskuek triangelu bat osatzen dute gorputzaren lerroarekin.

Kontuan izan behar da maiz etzandako pertsonarengan mendekotasun edo sexu-elkarte sentimendua sortzen dela - horrek hipnotizazio-prozesua erraztu edo oztopatu dezake. Hasierako elkarrizketan, merezi du sentimendu horiek berdindu edo behar bezala erabili behar diren sumatzea.

Hipnotizatuarengana hurbiltzea.

Hipnotizatuari hurbilketa egokia borrokaren erdia da. Funtsean, oinarrizko hiru planteamendu daude, eta horietan oinarrituta hainbat aldaketa sortzen dira. Hona hemen:

- menderatzailea - hipnotizatzailea autoritate bat da, eztabaidagai ez diren aginduak ematen ditu.

Hipnotizatuta dagoenean, aitaren irudiarekin identifikatzen du. Metodo hau hipnotizatzaileek erabiltzen dute gehienetan.

- emozionala eta amarena - hipnotizatzaileak harreman oso estua eta beroa sortzen du hipnotizatuarekin. Hipnotizatzailea amaren irudiarekin identifikatzen da.

- pasiboa - hipnotizatzaileak hipnotizatua bere burua zuzentzen duenaren inpresioa sortzen du eta bere burua trantze batean sartzen du. Metodo hau pertsonengan mesfidantza duen eta bere burua bakarrik onartzen duen pertsona hipnotizatu baten aurrean gaudenean erabiltzen da.

Zein metodo aukeratu hipnotizatutako pertsonaren pertsonaia motaren eta bere egungo aldartearen araberakoa da.

Horregatik, hasierako elkarrizketa oso garrantzitsua da, zeinetan pertsona baten izaera eta egungo aldartea eta aldartea ezagutu ahal izateko.

Hipnotizatutako pertsona bati hurbiltzeko modu okerra hautatzeak trantze batean sartzea erabat eragotzi dezake.

Teknika motak.

Hipnotizatzaile adina teknika hipnotizatzaile daude, bakoitzak bere teknikak garatzen dituelako.

Liburu honetan, edonork bere teknikak garatzeko aukera emango dioten teknika klasiko batzuk aurkeztuko ditut.

Ametsen analogiak gehien erabiltzen dira hipnotizazioan, bi arrazoirengatik. Lehenik eta behin, trantze batean sartzea lo hartzearen oso antzekoa da, eta, bigarrenik, jendeak erraz lotzen ditu loaren sentsazioak erlaxazio sentsazioekin. Lo egiteko analogiak erabiliz hipnotizatzean, entzumen-, ikusmen- eta ukimen-estimulu monotonoak erabiltzen dira hipnotizatutako pertsonari logura eragiteko, eta, horrela, bere gorputza hipnotizatzailearen aginduen menpe dagoela sinestarazteko.

Gehien erabiltzen diren teknikak hauek dira:

- Bernheim

- Eskuen lebitazioa

- Begiak finkatzea

- Etapa

- Bernheimeko teknikan

Betazalen astuntasuna, logura, begiak irekitzeko ezintasuna esaten da. Hori lortzen bada, besoan astuntasuna esaten dugu, gero hankak eta gorputz osoa. Denbora guztian ez dugu ahazten loguraz, sumisioaz eta lasaitasunaz hitz egiteaz. Gure iradokizunak ahots monotono eta lasai batez ematen ditugu, hipnotizatutako pertsonaren logura areagotzeko. Ahalegintzen dugun helburua hipnotizatuen arreta kontrolatzea da.

- Eskuen lebitazioaren teknikan

Hipnotizatuari eskutik datozen sentsazioetan kontzentratzeko agindua ematen zaio. Ondoren, esku hori astiro-astiro ukitzen dugu objektu batekin, hipnotizatua dagoena hobeto kontzentratu dezan. Giharrak erlaxatzea (hipnotizatuak ahal badu), hanka eta besoen inertzia eta berotasuna proposatzen dugu. Ondoren, besoa altxatu eta aurpegira edo gorputzeko beste atal batera mugitzeko proposamenak ematen ditugu. Pixkanaka-pixkanaka mugimendu honetan, indartzeko iradokizunak ematen ditugu, adibidez: "... eskuak zure aurpegia ukitzen duenean, dagoeneko sakon lo egongo zara..." etab.

Metodo honen abantaila hipnotizatuak zein azkar erreakzionatzen duen ikus dezakezula da, beraz, bere erreakzioaren abiadurara egokitu zaitezke.

- Begiak finkatzeko teknikan

Hipnotizatuak denbora luzez begiratzen dio hipnotizatuaren begietatik 30 cm ingurura atxikitako objektu bati. Hau da hipnotizatze-teknikarik ezagunena eta sarri erabiltzen dena.

Gure helburua nekea eta logura eragitea da, begi nekatuak berez ixteko eta hipnotizatutako pertsona beste pentsamendu batzuekin distraitu ez dadin. Hipnotizatua finkatzeko objektuari begira dagoen bitartean, begiak erretzeari, logurari eta betazalen astunei buruzko iradokizunak ematen ditugu. Hipnotizatuak begiak ixten baditu, Bernheim teknikan bezala jarraituko dugu.

- Teknika eszenikoa

Oso teknika dinamikoa da. Hipnotizatzailearen autoritatea eta hipnotizatuaren subkontzientearen nahia erabiltzen ditu beste pertsonak hunkitzeko. Hipnotizatzailearen jokabidea agintea eta erabateko konfiantzakoa izan behar du, bere iradokizunak berehala bete daitezen. Lehenengo iradokizunen ezarpen azkarra oso garrantzitsua da, hipnotizatuak hipnotizatuaren trebetasunetan duen fedea indartzen duelako. Hau da hipnosiarekin lotutako mitoak gehien erabiltzen dituen teknika.

Aurkezpen zehatza eta teknika indibidualak ezartzeko moduak behean aurkituko dituzu.

Indukzio sakontzea.

Hipnotizatutako pertsona trantze arin batera iristen denean hasten da, eta helburua trance ertainetik sakonera eragitea da. Hau da zeregin zailena, gogoratzen dugunez, ez baikara gai denengan trance ertaina eragiteko, eta are eta jende gutxiago iristen da egoera sakon batera. Gogoratu behar da etapako hipnosian bakarrik beharrezkoa dela egoera sakon bat lortzea. Beste kasu batzuetan, jarritako helburu bat lortzeko (adibidez, atzerriko hizkuntzak ikasteko, ohitura txarrak gainditzeko, etab.), nahikoa da trantze maila ertaina edo are arina.

Trantza sakontzen da gero eta iradokizun zailagoak emanez. Aldi berean, ekintza jakin baten antzezpenak trantzea sakontzen duela adierazten da denbora guztian.

Maila ertainean, ekintza hauek egin daitezke:

- sentsaziorik, mina, etab. ez sentitzea - anestesia deritzo. (Interesgarria da, anestesia trantze arin batean lor daiteke, jende askok ez baitu ideiarik).

- Hipnosian zehar eta ondoren (amnesia post-hipnotikoa) memoria galtzea hipnosian gertatutakoari buruz.

-"denboran mugitzea", adibidez, haurtzaroko gertakarietara itzultzea.

-Iradokizun ez-errealistak ematea, adibidez, airean flotatzeko ilusioa eragitea, igeri egitea eta beste leku batzuetan egotea.

- iradokizun post-hipnotikoak ematea. Zoritxarrez, trantzetik irten ondoren bakarrik egiaztatu behar da. Behin hipnosiaren batez besteko mailara iritsita, hipnotizatutako pertsonak begiak ireki eta ibiltzen diren ikusten saia gaitezke. Kontu handiz egin behar da iradokizun zailegiekin autodeshipnotizazioa ez abiarazteko. Hipnotizatuak egin ditzakeen pertsonak, maila sakon batera iritsi garela esan nahi du eta iradokizun zailen gauzatzea exiji dezakegu.

Iradokizun post-hipnotikoak.

Norbait hipnosipean zegoenaren frogarik onena dira. Aldi berean, haiek ez egiteak ez du esan nahi han ez zeudenik.

Iradokizun post-hipnotikoa trantzetik atera ondoren edozein ekintza egiteko agindua da. Jarduera hau adostutako seinalean egiten da. Seinale hau, komando bat bezala, giza subkontzientean dago.

Hori dela eta, agindu absurdo bat ere exekutatu ondoren, hala nola leihoa berriro ireki eta ixtea, arrazoi arrazionalekin azaltzen da.

Iradokizun post-hipnotikoak trance ertain eta sakon batean ematen dira. Gehien erabiltzen den komandoa da hipnotizatua izan den pertsonari zenbakietako bat txalo egitea ahaztea. Txalo egin ondoren, hogei arte ozen kontatzea eskatzen dizute. Agindua betetzen bada, hipnotizatu zuten pertsonak zenbakia "saltatu" egiten du edo, gutxienez, trabatu egiten da.

Ziurtatu komandoa exekutagarria dela. Bestela, neurosia gerta daiteke.

Trancetik kanpo.

Trance osoko gauzarik sinpleena da. Metodo ohikoena poliki-poliki bost edo hamar arte zenbatzea da.

Atzerako kontaketa metodoaren abantaila nagusia eraginkortasuna eta lasaitasuna da, hipnotizatutako pertsonari gorputza egokitzeko denbora emanez.

Trancetik hasten gara zenbakiari bost (edo hamar) gehitzean, trantzetik aterako zarela iradokiz. Gero zenbatu poliki-poliki batetik bostera (edo hamarrera). Normalean, trantzetik irtetea 5 (edo 10) zenbakia aipatu bezain laster gertatzen da.

Gertatzen da hipnotizatuak ez duela trantzetik atera nahi, adibidez, oso ondo sentitzen delako horretan. Ondoren, saiatu berriro trantzetik irteten, eta horrek ez badu funtzionatzen, hipnotizatutako pertsona bakarrik utzi lo hartzeko. Siesta labur baten ondoren, trantzetik kanpo esnatuko da.

Oro har, hipnotizatutako pertsonek ez dute gogoratzen trantzearen ibilbidea. Hori dela eta, kosta egiten zaie sinestea benetan gertatu zenik. Hipnotizatuak trantzetik dena gogoratzea nahi baduzu, hipnosian agindu bat eman beharko zenuke trantzearen ibilbidea gogoratzeko.

Hau bereziki garrantzitsua da hipnosia ikasteko baliabidea denean gogoratzea.

Askotan gertatzen da hipnotizatua bere kabuz irtetea trantzetik. Hau gertatzen da iradokizuna gauzatzeko zailaegia denean edo pertsonaren balio-sistemarekin gatazkan dagoenean. Horrelako egoeretan, hipnotizatuak gehienetan azken aginduak gogoratzen ditu. Merezi du hau gogoan edukitzea etsairik egin nahi ez baduzu.

Teknika hipnotikoen adibideak.

Bernheim teknika

Kapitulu honetan, hainbat teknikatako trantze sekuentzia hipotetikoak aurkeztuko ditut. Kortxeteek (hipnotizatutako pertsonaren jokabideari buruzko informazioa da) hipnotizatuaren jokabideari buruzko informazioa edukiko dute, iruzkina kortxete artean jarriko da [hau da gertatzen ari denari buruzko nire iruzkina].

Hemendik aurrera, sinpletasunaren mesedetan, hipnotizatutako pertsonaren izena Adam [A laburdura:] dela eta hipnotizatzailearen izena Henry [H laburdura] dela suposatuko dugu.

H: Mesedez, jarri eroso. (Adam bizkarrean etzanda dago, burua altxatuta, buruko baten gainean pausatua, besoak ukondoetan tolestuta triangelu bat osatzen dute enborraren lerroarekin. Belaun azpian bigarren buruko bat dago, belaunak apur bat altxatzen dituena) [hau da gehien posizio erosoa eta ahal bada, erabiltzea merezi du].

H: Orain geldi zaude eta zure pentsamenduak aske doaz. Lasai eta alferra zara. Zure pentsamenduak alferrak eta monotonoak dira. Bero eta eroso zaude. Zure betazalak astunak dira, gero eta pisu handiagoa ematen dizu.

Zure betazalak astunagoak eta astunagoak... astunagoak... Poliki-poliki zure begiak ixten, ixten... eta zure betazalak oso astunak... oso-oso astunak... (Adan begiak ixten ikusten dugunean) ixten duzu. zure begiak Zure begiak itxita.

[Henrikentzat etaparik txarrena da, Adamen barregarritasuna kontrolatu behar baitu, bere ahotsaren tonu ez-naturalak eragiten duena. Ez duzu zertan mindu beharrik barre-algarakada. Bizpahiru barre-algara baten ondoren, hipnotizatua "erretzen da" eta errazagoa da.]

H: Eroso etzanda zaude, logura duzu, lo egin nahi duzu, hainbeste lo egin nahi duzu non laster aharrausi egingo duzu ... aharrausi egingo duzu

.... Arnasa lasai hartzen duzu. Orain nire aginduen erritmora arnasa hartuko duzu. Nire INHAL hitzaren arabera, arnasa motel eta sakon hartzen duzu eta birikak aireztatzen dituzu AHALERA esan arte. Orduan, arnasaldi motel eta luze bat hartu eta arnasa eutsi eta INHAL esateko itxaron.

Hemen goaz. INSPIRAZIOA. (Adamek arnasa hartzen du poliki-poliki) erreparatu zure arnasketa sentsazioei, pentsatu nola sentitzen zaren HASTEA. (Adam arnasten du) lasai eta logura zaude, arnasa alfer hartzen. (Adam arnasten du) [Arnasestu gabe edukitzen dugu pixka bat, baina ez denbora gehiegi urduritu ez dadin. Hobe 3 eta 5 segundo artean. (Adamek 5 arnasa eta arnasa hartu zituen).

H: Orain lasai eta pozik sentitzen zara.Logura eta lasai zaude. Lo egin nahi al duzu. Aspaldi ez zara sentitzen bezain ondo. Zure pentsamenduak noraezean doaz... [hemen Adamentzat politak izan ziren gertakariak zerrendatzen ditugu, hasierako elkarrizketan ikasi genituenak, adibidez, azken oporretan]. Lo egin nahi al duzu. Zure eskuak astunak eta beroak bihurtzen dira, zure eskuetan kilika-sentsazio atsegina sentitzen duzu. Eskuak astuntzen dira. Poliki-poliki lo hartzen ari zara. Eskuak astunagoak zaizkizu eta lokartzen zara. Lo hartzen duzu, baina oraindik entzuten duzu nire ahotsa. Urrunetik datorkizu. Entzun eta lo egiten duzu. Eta zure eskuak gero eta astunagoak dira. Zure eskua hain da astuna, ezin duzula apur bat ere altxatu. [Adani une bat ematen diogu probatu nahi izateko, baina ez da nahikoa arrakasta izan dezan.] Bai... beraz, ezin duzu jaso, dagoeneko trantze batean zaude. Nire ahotsa entzuten duzu eta atsegin handiz betetzen dituzu nire eskaerak. Zure eskuak astunak dira oraindik. Orain gorputz osoa ere astuntzen ari da. Zure gorputz osoa sofan hondoratzen sentitzen duzu.

Kontzentratu sentimendu horretan. Sakon lo zaude jada nire ahotsa entzuten duzun arren. Nirea bakarrik. Ez zaituzte beste ahotsak interesatzen. Haietaz ahazten zara.

Zuk bakarrik entzuten nauzu, ni. Lo zaude....Orain itsasoaren hotsa entzuten duzu. Olatuen soinua eta nire ahotsa. Olatuen soinua eta nire ahotsa. Olatuen soinua. Zure gorputza argi bihurtzen da, arina zara haizean flotatzen duzuna. Poliki-poliki hondartzaren gainean flotatzen duzu. Airean zaude. Hosto bat balitz bezala kulunkatzen zara aurrera eta aurrera, eta flotatzen ari zara oraindik. Egoki zaizun altuerara igotzen zara. Airean zintzilik zaude ahoz behera, eta eguzkia goian ari da, zure bizkarra atsegin handiz berotzen. Haizean flotatzen duzu eta jendea ondo pasatzen ikusten duzu. Luma bezain arina zara eta nahi duzun bezala mugitzen zara airean. Pozez eta poztasunez beterik zaude. Idatzi arren, hitz egin dezakezu. Hitz egin dezakezu. Esadazu non zauden. [Adamek erantzun ez badu, atzera egin eta denbora pixka bat igaro ondoren berriro saiatu behar duzu].

A: Hondartzaren gaineko airean nago etzanda.

H: Ongi. Eguraldi ona egiten du, eguzkia, baina arratsaldean beti bezain emeki. Etzan eta olatuen soinua entzuten duzu. Zure ondoan norbait hizketan ari da. Entzun al duzu? Zer esaten ari da.

[Une honetan, Adamek ezer entzun ez bazuen, merezi du hitzordua izatea ilunabarrean zerbait lasai esateko. Adanen ustea sendotu eta zuzenduko zuen.]

A: Bai. Soineko batzuei buruz ari dira...

H: Ongi. Eta ez al duzu ilunabarra ikusi nahi? Laster etorriko da. Logura izan arren, zure gorputza luma bezain arina da. Eseri eta haizetakoaren gainetik begiratzen zara ilunabarrari. (Adam esertzen da baina begiak itxita ditu.) Ireki begiak poliki-poliki, eguzkiak itsu ez zaitzan. Poliki-poliki, bai. (Adamek begiak irekitzen ditu.) Ez al da bista ederra?

A: Bai. Bikaina. Gorri handia eta hodei hori. [Hitzaldi inkoherentearen une bat onartzen diogu.]

H: Eguzkia sartu da jada eta hotz egiten ari da. Jaiki eta etxera joan behar duzu. Saiatu altxatzen, geldoa zara, baina saiatu altxatzen. [Altxatzen lagun dezakezu, laguntza]. (Adam jaiki zen.) Tira, goazen. (Zirkuluetan ibiltzen gara pixka bat.) Orain eser gaitezen bankuan. Gelan gaude. Gelan gaude berriro. Esadazu, nor ikusten duzu gela honetan?

A: Gelan ikusten zaitut, Greg eta Ann.

H: Ni bakarrik nago gelan, ez dago beste inor gelan ni izan ezik. [Lasai, Anni eskatzen diogu Adami zerbait esateko.]

Ann: Adam, partidurik al duzu zurekin?

A: (oihuka): Ez! Ez dut !

H: Adam, zergatik ari zara oihukatzen?

A: Ann entzun nuen. Pospolorik ba ote nuen galdetu zidan.

H: Orduan zergatik ez diozu erantzun besterik ez, baina oihu egin?

A: Beno... zeren... etxeko nonbaitetik galdetzen ari zela.

H: Bai. Eta ez dakizu non egon daitekeen Greg? Duela momentu bat hemen izan zen.

A: Ez dakit. Ez nuen ikusi.

H: Ados. Orain denak ikusten dituzu, baina ez dituzu altzariak ikusten, ez dituzu altzariak ikusten. Esango al didazu zer egiten ari diren Greg eta Ann?

A: Beno... Greg zintzilik dago eta Ann airean eserita, (Greg sofan dago, Ann aulkian eserita.

H: Etorri al zinateke eta Greg -en bizkarra urratu? (Adam hurbildu eta Greg-en bizkarrera heltzen saiatzen da.)

A: Ezin dut. Ez du bizkarrik. [Halako egoera paranoikoek deshipnotizazioa ekar dezakete.]

H: Altzariak ikus ditzakezu. Gregek ez al du oraindik bizkarrik?

A: Bai, baina ezin diot urratu, koltxoiak gogaitzen nauelako. Buelta dezala.

H: Orduan zergatik esan zenuen lehen ez duela bizkarrik?

A: Esan dut...? [Askotan galdera zailak ez dira inoiz erantzuten. Galdera baztertu egiten da eta hobe da errepikatzen ez tematzea.]

H: Ados orain etzan zaitez lasai eta atseden hartu. atsedena. Izan amets atseginak eta gogoratu txaloak egiten dituzunean hiru zenbakia ahaztuko duzula. Txalo jotzen dudanean, 3 zenbakia ahaztuko duzu. Hatzak jotzen ditudanean, berriro gogoratuko zara. Isilik etzanda eta zure gorputzetik isurtzen diren sentsazio atseginetan murgiltzen zara. Bostera arte zenbatuko dut orain. Bost esaten ditudanean, erabat aterako zara hipnositik.

BAT - poliki-poliki esnatzen zara,

BI - gero eta lo gutxiago duzu,

HIRU - gero eta lo gutxiago,

LAU - ia trantzetik atera zara,

BOST - esnatu zara. (Adam bere trantzetik kanpo dago. Gelara begiratzen du eta pixka bat txundituta dago. Gertatutakoari zentzua ematen saiatzen da.)

H: Gogoratzen al zara zer egin genuen?

Ez. Gogoratzen dudana da hipnotizatu egingo nintzela eta sofa horretan etzan nintzela. Ez naiz beste ezer gogoratzen.

H: Ondo dago. Gregek dena kontatuko dizu gero. Zer azkar zenbatu dezakezun 10era arte galdetzen dut. Probatu.

A: Ados, bat, bi, hiru, lau... hamar.

H: (Henryk txaloka) Saiatu berriro.

A: Bat, bi, eh... lau, bost......... hamar. [Batzuek totelka egiten dute halako iradokizun post-hipnotiko baten aurrean, eta beste batzuek ez dute arazorik agindutako zenbakia galtzeko.]

H: (Hatzak zartarazi zituen). Ez al duzu uste zenbakiren bat galdu duzula?

A: Bai, azkarregi zenbatzen ari nintzela uste dut.

H: Ez, ez lasteregi. Ahaztu egin zara hipnosipean egiteko esan dizudalako. Baina ez zara gehiago oker egongo. Nahikoa da gaurkoa.

LEBITASUNEKO ESKU TEKNIKA

H: Mesedez, jarri eroso. Orain, mesedez jarri zure esku bat nire gainean. (Adam bizkarrean etzanda dago goian azaldutako posizioan, baina ezkerreko eskua Henryren eskutik dago. Henryren beste eskuak esku bera estaltzen du goitik).

H: Egon geldi eta utzi zure pentsamenduak gauza atseginen inguruan. Lasai eta logura bihurtzen zara. Zure ezkerretik datozen estimuluetan kontzentratzen zara. Erreparatu zure eskuko azaletik datozen sentsazio atseginei. Haietan kontzentratu eta kontenplatu (Adamek begiak itxi ditu). [Une batez geldirik geratzen gara.]

H: Orain zure eskua astun eta berotzen ari zara. Bi eskuak astun eta berotzen ari zaizkizu. Berotasuna zure eskuan sartzen dela sentitzen duzu, berotasun atsegina. Lo hartzen ari zara. Esku astunak dituzu. Eskuak astunak eta beroak dira, eta muskuluak erlaxatuta daude. Poliki-poliki beroa gorputz osora zabaltzen da. Lehenik hankak astunak eta berotu egingo dira, gero gorputz osoa. Zure hankak astun eta berotzen dira. Bero sentitzen zara hanketan. Zure hanken gainean berotasuna eta astuntasuna zabaltzen ari direla sentitzen baduzu, eskua emango didazu. Zure hankak astun eta berotzen ari zaizkizu (Adamek eskua estutzen du). Hankak astunak dituzu. Zure besoak eta hankak astunak eta beroak dira. Laster astun sentituko zara guztian, eta zure gorputza barneko beroak barneratuko du. Hala ere, zure ezkerreko eskua da astunena orain. Zure ezkerreko besoa da astunena. Ezker eskua oso astuna duzu. Baina laster. Laster arinduko da. Ai... uste dut jada arintzen ari dela. [Adanen eskuaren presioa murriztu.] Zure ezkerreko eskua gero eta arinagoa da. Hain da arina, flotatzear dago, flotatuko du. Esku arina duzu eta erraz igotzen da eta zure kopetarantz zuzentzen da. Zenbat eta gertuago zure helburura, orduan eta sakonago egongo zara hipnosian. Esku arina duzu eta altxatzen hasi berria da (H: eskua kentzen dio Adani, baina oso leunki, Adam konturatu ez dadin). Zure eskua altxatzen da eta gero eta sakonago erortzen zara hipnosian. Nire ahotsa bakarrik iristen zait poliki-poliki. Besteak entzuteari uzten diozu. Eta zure eskua gero eta gorago doa. (Adanen eskua zertxobait altxatzen da) [eskuaren arintasunaren iradokizuna hainbat aldiz errepikatzen da, gero eta trantze sakonago batera iristeari buruzko aipamenak tartekatuz, Adamek eskua behar bezain altu altxatu arte, ukondoa altxatu behar duen arte]. Zure esku osoa luma bezain arina da eta esfortzurik gabe flotatzen du airean. (Adamek ukondoa altxatzen du.) Orain zure eskua zure kopetara doa eta niri bakarrik entzuten didazu, nire ahotsa bakarrik iristen zaizu. Eskua bekokiraino doa eta dagoeneko gainean dago. Eskua bekokian erori orduko niri bakarrik entzungo didazu. Loguratzen ari zara. Eskua bekoki gainean daukazu eta poliki-poliki bertara jaisten da. Eskua kopetara erortzen zaizu. Ni bakarrik entzuten duzu, ni bakarrik, ni bakarrik, ni bakarrik... (eskua kopetara erortzen da). Orain trantze sakonean zaude eta hitz egin ere egin dezakezu. Hitz egin dezakezu. Saiatu "Ala" esaten (ahoaren inguruko giharrak mugitzen dira, baina Adamek ez du ezer esaten.) Aurrera. Hitz egin dezakezu. Hitz egin dezakezula esaten dizudanean, hitz egin dezakezu. Esan "Ala".

A: Ahh.

H: Oso ona. Orain nire galderak erantzun ditzakezu.

H: Goazen denboran atzera. Eskolako lehen eguna da orain. Zazpi urte dituzu eta lehen aldiz joango zara eskolara. Esadazu zer sentitzen duzun.

A: Oso heldua naiz eskolara noalako. Eta Ancia eskolara joaten denean, jada bigarren mailan egongo naiz bera baino zaharragoa naizelako. Amak esan zuen ni eta Jack azkar etorri behar ginela klasera, gero elkarrekin eseriko garelako eta ondo egongo dela. Elkarrekin lan egin eta ikasteko aukera izango dugu...

H: Esadazu nolako eguraldia egiten duen, eguzkia ari da.

A: Euria ari du, baina nik txamarra daukat kaputxadun, eta amak aterkia, ez zaigu axola euria.

H: Ongi. Orain gure garaira itzultzen gara. Etzan pixka bat eta pentsatu zerbait atsegina [H: eman atseden hartzeko denbora].

H: Orain begiak ireki ditzakezu nahi baduzu. Saiatu begiak irekitzen. (Adamek begiak gora egiten ditu.) Zure begiak ireki. Hasieran laino batetik ikusiko duzu, baina laster pasatuko da. (Adamek begiak ireki zituen.) [Adam hipnosi sakonean dago jada eta nahi duena egin dezake. Hipnositik irtetea Bernheim teknikaren berdina da].

BEGIAK FINKATZEKO TEKNIKA

H: Eroso etzan. (Adam eroso dago etzanda, eta pendulu distiratsu bat eusten diogu begien aurrean 30 cm inguruko distantziara).

H: Begira penduluari Jarraitu penduluari begira. Ez kendu begirik. Penduluari begiratu behar diozu denbora guztian, baita begiak min hartzen hasten direnean ere. Pendulu horri begiratzea da pentsatzen duzun guztia. Begiak azkura hasten zaizkizu une batean, baina penduluari begira jarraitzen duzu. Zure begiek azkura egingo dute denbora gutxian. (Adanen begiak kikildu egiten direla nabaritzen dugunean). Dagoeneko azkura zaude, momentu batean erretzen hasiko zaituzte. Begiak erre egingo zaizkizu eta oraindik penduluari begira zaude. Zure begiak laster erreko dira (Adamek keinu egiten du). Dagoeneko begiak ziztatzen zaizkizu, baina penduluari begira jarraitzen diozu biziki. Zure begiak erretzen ari dira. Laster hasiko dira negarrez. Begiak ureztatzen hasten direla sentitzen duzunean, itxi egiten dituzu. Begiak ureztatzen hasten zaizkizu eta oraindik penduluari begira egotea pentsatzen duzu. Penduluari begiratzen diozu, baina ureztatzen edo gehiegi erretzen hasten direnean begiak ixten dituzu. (Adam begiak ixten ditu, Henryk eskua buruan jartzen du halako moduan non bekokiaren erdialdea hatz lodiarekin arin sakatzen duen.)

H: Begiak itxita dituzu eta ez dituzu irekitzen. Begiak ireki gabe, "begiratu" sakatzen dudan tokiari. Behatzarekin ukitzen dudan bekoki puntuari begira jarraitzen duzu, baina begiak itxita daude. Leku honi begiratzen diozu eta lasai geratzen zara, ez duzu Ez ezertan pentsatu, poliki-poliki zure gorputza erlaxatu egiten da lasai eta logura hartzen duzu Bekokiko tokiari begira jarraitzen duzu begiak min hartu arren Begiak minduta daude baina gainerako gorputza logura eta geldo dago Lo, logura duzu Nahi duzu lo egiteko, benetan lo egin nahi duzu zure gorputz osoa astuna da, lo zaude.

H: Arraroa irudituko zaizun arren, dagoeneko trantze arinean zaude. Orain kenduko dizut eskua zure kopetatik. (Henrikek eskua kentzen du.) lo zaude. Lasai hartzen duzu arnasa. Imajinatu zure inguruko aire guztia urdina dela. Distira urdin freskagarri batek inguratzen zaitu. Pinu-usain atsegina ere usain dezakezu. Lasai, logura eta lasai zaude. Distira urdin batez inguratuta zaude. Airea hartzen duzu biriketan eta aire urdin hori arnasten duzu. Ispilu baten ondoan etzanda egongo bazina bezala ikusten duzu zeure burua. Gardena zara eta ikusten duzu nola, airea hartuz, urdina zure biriketatik zabaltzen den. Aire urdin freskagarria arnasten duzu eta hedatu eta birikak betetzen ditu. Arnas bakoitzarekin gorputz osoan zehar zabaltzen da. Ikusten duzu zein poliki-poliki zure odola urdin bihurtzen den eta urdin hori zure gorputz osoan zabaltzen duen. Logura, lasaia eta oso atsegina zara. Eta urdinak gero eta gehiago betetzen du zure gorputza arnaste bakoitzean. Gero eta lasaiago zaude. Lasaitasuna arnasten duen urdinarekin dator. Gero eta trantze sakonagoan zaude.

H: Urdinak zure gorputz osoa hartzen duenean, eskuineko eskuko erpurua zertxobait altxatuko duzu. Arnastu airea eta utzi urdinak betetzen zaituen. (Adamek arnasa lasai hartzen du, eta Henryk eskuari begiratzen dio eta noizean behin logurari, erlaxatzeari eta hipnosian sakontzeari buruzko iradokizunak egiten ditu.)

(Adamek hatza altxatu zuen.)

H: Orain nire argibideak jarraitu ditzakezu. Gogoratu betetako komando bakoitzak zure hipnosia sakonduko duela, eta ezin baduzu agindu bat jarraitu, ondo dago. Ez kezkatu. Beste behin saiatuko gara eta gero ziur lortuko dugu.

H: Trancetik atera gabe, aske hitz egin ahal izango duzu. Hitz egin dezakezu. Esadazu zure izena.

A: Adam.

H: Oso ona. Gogoratu nire agindua betetzeak zure aukerak areagotzen dituela.

[Une honetan, merezi du erraz jarraitzeko agindu batzuk ematea, hipnotizatutako pertsonaren auto-konfiantza indartzeko. Gero komando zailagoetara baina ikusgarrietara pasa zaitezke].

H: Oso ona. Orain itzul gaitezen orainaldira. Orain begiak ireki ditzakezu. Begiak ireki ditzakezu. Saiatu begiak irekitzen. (Adamek begiak ireki zituen.)

A: Zer, zer gertatu da? Gogoan dut...aaah hipnotizatu egin nintzela....

[Adam hipnositik atera zen begiak irekitzeko agindua hartu zuelako hipnositik irteteko agindu gisa. Horrelako argibideekin, garrantzitsua da hipnosiak jarraituko duela dioen aurreko ohartarazpena gogoratzea].

ETAPAKO TEKNIKA

Oso teknika zorrotza eta dinamikoa da. Hipnotizatzailea aginte gupidagabea da, eta eztabaidagai ez diren aginduak ematen ditu. Teknika honetan, garrantzitsuena pertsona talde bat edo teknika honekin trantze batean sartzea oso erraza egiten duten ezaugarriak dituen pertsona bat aukeratzea da, pertsona hori berehala menderatuko duzulako edo huts egingo duzulako. Gainera, trantze batean sartzeko metodorik ikusgarriena eta ikusgarriena da.

(Henry aukeratutako pertsona bat esertzen da, demagun bere izena Adam dela, aulki batean.)

H: Hona gonbidatu zaitut, nire aginduak bete ditzazun. Ez diezu beldurrik izan behar, ez direlako zailak izango, eta betetzeak ez zaitu arriskuan jarriko. Uste dut esperimentua onartu zenuenez, nirekin elkarlanean arituko zarela. Nire agindua zure agindua izango da.

H: Objektu bat daukat eskuan. Erakusten dizudan momentuan, begiak itxi eta nire borondateari men egiten hasiko zara. Betazalak itxiko dira eta ezin izango dituzu ireki. (Henryk eskua ireki eta eskuan duen objektua erakusten du. Adamek begiak ixten ditu.)

H: Ezin dituzu begiak ireki, nahi baduzu ireki ditzakezula uste duzu, baina ez duzu nahi eta hori da kontua. (Adamek irribarre egiten du.)

H: Zure begiak itxita jarraitzen dute. Astuntzen ari zara. Oso astuna zara.

Ezin duzu muskulurik mugitu. Erabat indargabea zara. Nire borondatearen menpe zaude. Nire agindu guztiak jarraitu ahal izango dituzu.

H: Hitz egin dezakezu. Esadazu zure izena.

A: Nire izena Adam da.

H: Esadazu zenbat urte dituzun eta non bizi zaren.

A: 20 urte ditut eta hirian bizi naiz.

H: Orain entzuten duzun horretan zentratuko zara. Ondo gogoratuko duzu eta esaten dizutenean errepikatuko duzu. (Henryk gelako norbaiti 30 hitz idazteko eskatzen dio. Ondoren, lehenengo 10 hitzak astiro irakurtzen ditu.)

H: Errepikatu irakurri dudana. Adamek irakurtzen dituen hitzak errepikatzen ditu, baina beste ordena batean. Orain ordena berean eman beharko dizkidazuen hitz batzuk irakurriko dizkizut. Orain adimena argia eta memoria xurgatzailea dituzu. Beraz, entzun arretaz. Prest zaude?

A: Bai, prest nago. (Henrik-ek hitzen segida irakurri zuen eta Adamek akatsik gabe errepikatu zituen.)

H: Oso ona. Oraindik hipnosipean zaude, baina begiak ireki ditzakezu. Zure begiak ireki.

H: Begira, zure institutuko irakaslea etortzen zaigu. Esan kaixo. (Adamen laguna hurbiltzen zaio.)

A: Egun on, irakaslea.

J: Kaixo Adam. Ez zinen ondo prestatu klaserako. Hiru bat duzu. Hurrengoan hobe ikastea.

A: Baina denbora luzez ikasi nuen.

J: (Utzi). Jakina, ez duzu oso sistematikoki egin.

H: Nor zen?

A: Nire aleman irakaslea. Beti nirekin jotzen ari zen.

H: Ona da joan izana. Orain saia gaitezen altxatzen. Oraindik hipnosipean zaude, baina jaiki zaitezke. Zutik egon zaitezke. Altxa zaitez. (Henryk Adam zutitzen laguntzen dio. Adam zutik dago.) Orain altxa ezkerreko eskua. Gorago. Gorago. O bai. Ados. (Adamen eskuak bere gorputzarekin angelu zuzena egiten du. Henryk Adamen alkandoraren mahuka bildu du.)

H: Zure eskua anestesiatzen ari naiz. Une batean, denbora laburrean, ez duzu ezer sentituko ezkerreko eskuan. Hiru arte zenbatzen dudanean, ezkerreko eskua sentitzeari utziko diozu. (Azkar) bat-bi-hiru. Ezker eskuan ez duzu ezer sentitzen. Henryk izotza jartzen dio Adamen besaurreari. Adamek ez du erantzuten.

H: Oso ona. Hipnosi sakonean zaude eta nire argibideak jarraitzen dituzula dirudi. Orain hirutik batera zenbatuko dut eta berriro izango duzu sentsazioa esku horretan, hiru-bi-bat. Eskua hotza bada, bota izotza. (Adamek izotza eskutik botatzen du eta besaurrea igurzten du berotzeko.)

H: Eta orain gogoratu hasieran gogoratzeko esan nizun hitz horiek. Gogoratzen al dituzu?

A: Bai, gogoratzen naiz.

H: Gero errepikatu itzazu irakurri ziren ordena berean. (Adamek oroimenetik berregiten du hitzen segida. Henryk ikusleetako bati sekuentzia idatzita zegoen paper-zatia erakusten dio).

H: (Ikusleari). Ados zaude.

Ikuslea: Bai, perfektua.

H: Ondo izan Adam. Nahikoa dela uste dut. Orain etzan zaitez eroso eta gogoratu zenbat urte dituzun galderaren erantzunak bost izan behar dituela. "Adina?" galdera entzutean "bost urte" erantzungo duzu. Horrela erantzungo duzu gelatik irten arte. Gelatik irteten zarenean, komando hau ez zaizu gehiago aplikatuko. Hipnositik atera ondoren ere ez duzu komando honen berri izango, baina inkontzienteki gogoratuko duzu. "Adina?" galderari "bost urte" erantzuten diozu. Orain hirutik batera zenbatuko dut. Bat esaten dudanean - hipnositik aterako zara: Hiru-bi-bat. Hipnosiaren amaiera. (Adam bere trantzetik ateratzen da.) (Denbora labur baten ondoren, Henryk Adami deitzen dio eta hipnosiaren arrakastaren estatistiketan sartu nahiko lukeela esaten dio. Horregatik, formularioa betetzeko eskatzen dio. Datuak sartu ahala, Adami "adina? "Iradokizun post-hipnotikoak arrakasta badu, Adamek "bost urte" erantzungo du.

URTEBETETZEKO HIPNOSIA

Kapitulu honen hasieran, erabateko arrakasta izateko probabilitatea handitzeko aholkuak eman ditudala adierazi nahi dut. Horiei eustea oso zaila egiten zaien edo ez dituzten trebetasunak behar dituzten pertsonek ez dute haiekin traba egin behar.

Azken finean, basati egin dezakezu: hartu ikusten duzun lehen pertsona, erabili gogoko duzun teknika eta espero arrakasta izatea. Eta ez bada, hurrengo pertsona eta hurrengoa hartuko ditugu. Printzipioz, egoera batean erabateko porrota izateko probabilitatea txikia da, baina hipnotizatua trantze sakon batean sartzeko aukera gutxi dago. Baina goazen puntura. Festa batean hipnotizatzeko arrazoirik ohikoena lagunak entretenitzea edo txunditzea da.

Neska edo mutil berri bat ezagutzeko ere modu ona da - hipnosirako aukera dezakezu. Bera ados ez badago, berdin dio. Beste batean hitzordu bat egin dezakezu.

Aipatutako helburuak lortzeko, merezi du zure ekintzak arretaz planifikatzea eta arau batzuk betetzea. Bestela, kontrako helburua lor dezakegu.

Egin behar ez dena kapituluaren amaieran ageri da. Orain jorratu diezaiogun "proiektuaren" alde teknikoari.

Lehenik eta behin: denbora ona.

Ordua hautatzea.

Uste dut onena dela emanaldia jende gehienak dantzaz nekatu eta atseden hartzea erabakitzen duenean bakarrik hastea. Festaren hasieran saioa hasteak dibertsio gehiago honda dezake hipnotizatuentzat, jende askok hipnosiaren ondoren logura sentitzen duelako. Gainera, gainontzeko alderdiak, hona dantzara etorri zirenak, «ergelkeriak» ez ikustera animatu ditzake.

Gainera, ezin duzu emanaldia amaitu arte atzeratu, jendea oso nekatuta egongo delako, eta ez baitute jakingo zer aukera dituzun denbora guztian, eta hori galera nabaria da. Baldintza horiek nolabait bateratzeko, merezi du jokoaren hasieran zure trebetasunak kasualitatez aipatuko dituen lagun batekin horrelako festa batera joatea. Normalean, jende asko egongo da berehala egiaztatu nahi duena. Baina ez etsi. Apala izan eta saihestu bide guztietan. Kasurik txarrena, esan jotzeaz nekatzen direnean ikuskizun bat egingo duzula eta oraintxe dantzatu nahi duzula.

Ez baduzu azpijoko hau erabili behar eta insistentzia gelditzen bada, orduan dena arrakastarako bidean dago. Dagoeneko zure buruarengan interesa piztu duzu eta orain begi askok jakin-minez begiratuko dizute.

Eta hipnotizatzeko une ona dela erabakitzen duzunean, Ados esaten duzu, konbentzitzen uzten duzula eta... hasten zara. Orduak proposatuko nituzke 24etatik 1era, festa goizera arte iraungo duena, eta 23:00ak aldera gauerdira arte iraungo badu.

Pertsona bat aukeratzea.

Hipnosirako pertsona egokia aukeratzeko, enpresa ondo ezagutu edo ondo begiratu behar duzu, eta gero pertsona batzuk probatu. Proba mota doakoa da, aukeratu hobekien egokitzen zaizuna.

Jakina, norbaitengan bereziki interesatzen bazaizu, aukeratu pertsona hori probarako. Inoiz ez saiatu zure iritzi hobearen aurka egiten eta ez proba bat egiten. Hobe da axola zaizun pertsona emanaldi arrakastatsu baten ikusle izatea huts egindako batean parte hartzea baino.

Pertsonaren aukeraketa erabili nahi duzun teknikaren araberakoa da ere. Teknika eszenikoa bada, arretaren erdigunean egotea gustatzen zaion pertsona adierazkorra bilatu behar da. Nola ezagutu? Oso pertsona alaia izan ohi da, ozen portatzen duena, oso maiz deitzen dena konpainiaren arima. Beste tekniketan, aukeratzeko askatasuna askoz handiagoa da. Hipnosian oso trebeak diren sonanbuluak aukera ditzakezu. Nola lo egiten duten galdetuz soilik detekta daitezke. Somnambulistek ondo lo egiten dute, esna daudenean esnatzeko arazoak izaten dituzte, hitz egiten edo garrasi egiten dute lotan, batzuetan sonambulismoa egiten dute.

Metodoa hautatzea.

Zure eskura duzun giza "materialaren" araberakoa da nagusiki, hau da, pertsona jakinentzat zein hipnotizazio-metodo litzateke egokiena zehaztu behar duzu. Orduan bakarrik zehaztu dezakezu zure metodo gogokoena erabil daitekeen ala ez. Hipnotizatzailea ikusi nahi badute. hasieratik, eszena-teknika erabiltzea aholkatzen dizut -ahal bada (pertsona egokia dago horretarako).

Beste teknika batzuk erabiliz, hipnotizatuen eta ikusleen barreari aurre egin beharko diozu, eta oso lan zaila da hori. Horrez gain, ikusleek hipnotizatuak distraitzen dituzte. Jakina, hori saihestu daiteke gaia pribatuan hipnosira eramanez eta ikusleei jada trantze batean egon arte sartzen ez utziz, baina honek dibertsioaren erdia gutxienez hondatzen du.

Hala ere, Bernheimena bezalako teknika bat erabiltzea erabaki baduzu, ez kezkatu norbaitek barre egiten badu edo ergelkeriarik esaten badu. Barre eta algara batzuk egin ondoren, lasaitu egingo dira. Ez utzi inori zu edo hipnotizatuari galdezka. Hau guztia esan beharra dago, "Oh... zertan ari zara Henry?" bezalako sarrerarik egon ez dadin? Adam hipnotizatzen ari al zara? Esadazu, gor al zara?... Adam, zertan ari zara?». edo antzeko zerbait.

Horrelako galderek orain arteko ahalegin guztiak honda ditzakete.

Ikusgarria nola lortu.

Zure lankideek zu miresteko, txunditzeaz gain, ondo pasatzea ere egin behar duzu. Hori lortzeko, emozionalki jokora erakarri behar dituzu. Gogoratu estres labur eta akutua edo antsietateak barrea eta erlaxazioa eragiten duela. Sinesten ez baduzu, begiratu jendeak barre egiten duen egoerei, adibidez, norbaiten erorketari, txantxa ergel bati, etab. Askotan mina eragiten duten egoerak izaten dira eta, beraz, barrearen bidez arintzen da. Horregatik, momentuko tentsioak pilatu eta gero ezabatuz, arreta mantentzen duzu zure "errendimenduan" eta enpresaren ongizatea hobetzen duzu.

Teknika eszenikoa erabiliz, ziur egon zaitezke zure lankideek ikuskizuna bere izate guztiarekin xurgatzen dutela eta horri esker esku artean dituzula. Agindu zail bakoitzak motako tentsio bat sortzen du: egingo du edo ez. Aginduaren exekuzio arrakastatsu bakoitzak beldurra eta irribarrea desagertzen ditu. Erreakzio bera egoera arriskutsu batek eragiten du. Hipnotizatzaile eszenikoek horretaz aprobetxatzen dute hipnotizatua ez jarriz, baina hipnosia zutik hasiz eta hipnotizatua bermatuz, trantze batean sartu eta lurrera erortzen denean, poliki eta minik gabe gertatzen da.

Dena den, ikusleen artean, egoera beldurgarri bat sortzen ari da jada: «Arreta erortzen ari da!», eta hipnotizatzailearen zaintza ikusita, desagertzen da.Horrez gain, konfiantza sortzen du.

Alderdi horiek guztiak erabili behar dituzu, nahiz eta gomendatuko nioke pertsona hori lurrean jartzea, adibidez, burko baten gainean, eta bizkarra bakarrik babestea lurrean leunki etzan dadin.

Eragin handiagoa izateko, hobe da beste burko bat eskura izatea eta erortzean (baina orduan bakarrik) hipnotizatutako pertsonaren bizkar azpian jartzea. Eszena-teknologiaren kasua da.

Beste tekniketan, funtsean, norbait hipnotizatu ondoren bakarrik erakutsi dezakezu. Gainera, teknika hauek dibertsio ironikoa sor dezakete, eta hori ez da esan nahi duzuna. Baina teknika horien alde onak ere badaude. Beroagoak dira eta norbait konbentzitu nahi baduzu beste emanaldi gehiago egiteko, errazago lortuko duzu teknika hauekin, teknika eszenikoak beldurra sor dezakeelako.

Hipnotizatua trantze batean dagoenean, erabiltzen duzun metodoa edozein dela ere, urrats hauek egitea merezi du txaloen mesedetan:

Trance arinean.

- Jarri eskua airean jarrera deseroso batean eta utzi horrela. Adibidez, lurretik 45 graduko angeluan eta, horrez gain, objektu nahiko astun bat esekituta. Minutu batzuen buruan, ikusleak konturatuko dira eskuak posizio berean jarraitzen duela, egoera normal batean anormala eta oso zaila dena, neke handien zantzurik gabe.

Trance ertainean.

- "Denborako bidaiak" eragin. Hipnotizatuari 15, 10 urte edo are gutxiago duela iradokizunak ematen zaizkio. Hobe da iraganeko gertaera garrantzitsu edo interesgarriren bat aipatzea. Hipnotizatua festan beste batzuekin edonora joango balitz eta zerbait. aspaldidanik gogoratzen duzuna, merezi du garai hau aipatzea.Adibidez, behin ikaskide bat hipnotizatzea gertatu zitzaidan besteen aurrean.Garai hartan, itsasertzera egindako bidaia bat aipatzen nuen, non zerbitzari gisa lan egiten genuen. oporretako gune batean.zentro honetan gaude hankak hipnotizatuta hasi zen, egun batean, lurra garbitzen ari zen sukaldariak mahuka batetik ur beroarekin busti zuelako.

Halako erreakzio bortitzak inpresio egokia eragin zien gainerako lankideei.

-iradokizun post-hipnotikoa sartu. Trancetik irten ondoren bere errendimenduak inpresio handia ematen du. Hipnotizatutako neskaren edozein zenbaki edo izena ahazteko agindua izan daiteke, edo une jakin batean beharrezkoa ez den edozein ekintza egiteko agindua izan daiteke.

-esan hipnotizatuari eltxo batek erasotzen ari zaiola edo ilean liztor bat duela.

Trance sakon batean.

- Ordenatu bonbilla gurinean izorratzeko.

- Himnoa abesteko agindua ereserki horren musika jotzen hasi bezain laster (egia esan, beste doinu bat jotzen da).

- Neskak edo altzariak ez ikusteko agindu eta egoera dibertigarri bat sortzeko erabili.

- konbentzitu hipnotizatua gelan bakarrik dagoela eta neska eder bat gelara sartzen ari dela (erabili hipnotizatuaren edertasunaren kanona, ezagutzen baduzu). Neska baten ordez mutil bat sartzen da gelara eta gure delitugilea jasotzera probokatzen du. Hipnotizatuta dagoenean, neska baten aurrean egingo lukeen bezala erreakzionatu beharko luke eta erronkari heldu.

- Hipnotizatuaren oroitzapena erakutsi (eman egunkariko edozein orrialde irakurtzeko eta memoriatik errepikatu).

- Lehen atzerriko hizkuntza bat ikasten bazuen eta orain ez badu gogoratzen, itzuli ordura eta eskatu hizkuntza horretan hitz egiteko. - esan azido zitrikoa azukrea dela eta eman pixka bat jateko.

Zer ez egin.

- Ez zara harroa izan behar, jatorra eta atsegina baizik.

- Ez arriskuan jarri hipnotizatua (adibidez, aitorpenekin,

eranztea, etab.).

- Ez egin hipnotizatuari burlarik. Gogoratu hau EGOERA bat dela

dibertigarria omen da, ez HIPNOTIZATUA.

- Ez umiliatu (zaunka egin, mahai azpian sartu).

- Ez estutu zure indar fisikoa luzeegia bultzatuz

hipnotizatuta egonkortasunaren indarra erakusten du.

- Gorputzari ez kalterik egin ikuskizunen bidez, erreketa mingarririk gabe,

ondoren mindu daitezkeen zauriak itsatsi eta eraginez

hipnositik atera eta abar.

- Ez kezkatu zerbait gaizki ateratzen bada. Ezer gertatzen ez bada ere

huts egin, beti leporatu diezaiekezu ikusleei horren errua

oso kezkagarriak dira.

- Ez hartu ikuskizuna serioegi, giroa hondatzen duelako.

HIPNOSIAN ETA AUTOHIPNOSIAN IKASTEA

Hipnosian ikastearen abantailak.

Hipnosia zientziaren egoera da, batez ere deiturikoak memoria oso ondo xurgatzen du ikasleak. Hipnotizatuek 120etik 500era gogora dezaketela aurkitu da! atzerriko hizkuntza bateko hitzak ikasketa ordu batean. Hipnosi mailaren eta ikaslearen joeraren araberakoa da. Zergatik gertatzen da hau? Hau ziurrenik bi arrazoirengatik gertatu da:

- lehenik eta behin, hipnotizatuak bere arreta erabat kontzentratzen du egiten ari den horretan, eta horrek eragin handia du memorizazio prozesuan.

- bigarrenik, hipnosiak ezezagunak aktibatzen dizkigu erreserba mentalak, naturaz gaindikotzat har daitezkeenak, eta oroimen fenomenikoan agertzen direnak. Oroimen hau hain da ona, ezen iraganeko gertaeren xehetasunak gogora ekartzeko aukera ematen dizula uste zenituzkeenak ez zirela batere gogoratu. Gainera, agindutakoa zehatz-mehatz gogoratzeko aukera ematen du, hau da, zer ikasiko duzun.

Horrez gain, hipnosian ikastea ez da astuna, denboraren joan-etorriaren zentzu faltagatik. Denbora horretan, ez da pentsatzen denbora "galdu" beharrean egin daitezkeen beste jarduera "interesgarriagoetan".

Emaitzen artean txarrena suposatzen badugu, hau da, orduko 120 hitz eta bi orduko saioa (ikasketa ordu bat barne, eta hipnotizatzeko eta erlaxatzeko geratzen den denbora barne), 25 egunetan 3.000 hitz ikasteko gai izango gara (hori da. suposatu zuen 3.000 hitz jakin behar dituzula, atzerriko hizkuntza behar bezala erabili ahal izateko). Beraz, teorikoki 25 eguneko epean atzerriko hizkuntza bat ikas dezakegu. Teorian, behar bezala erabiltzeko, hizkuntza honetan elkarrizketa eta gramatika-arauen intuiziozko erabilera behar dituzu oraindik. Hala ere, oinarrizko arazoa hitz kopuru egokia ez jakitea da eta hipnosiak arazo hau konpontzen du.

Kontuan izan nahiko nuke dagoeneko hipnosi arinean ikasi dezakezula, trantze sakonean bezain emaitza onak lortuko ez dituzun arren. Batez ere gizakiak ikusmen-memoria duelako, ez entzumenezkoa, gehienetan. Hipnosi arinean entzuteak bakarrik hartzen du parte, hipnosi sakonean entzun eta irakurri dezakezu.

Galdera sortzen da: hain metodo eraginkorra bada, zergatik ez da asko erabiltzen?

Beno, arrazoi asko daude:

- non aurkitu irakasle hipnotizatzaile bat, bereziki hizkuntza-irakaslea, hipnotizatzaile gehienak medikuak baitira, eta gutxi dira;

- zein eskola ausartuko litzateke hizkuntza ikasteko metodo hori aurkeztera jende gehienak hipnosia charlatanismoarekin lotzen duen egoeran;

- ausartuko zinateke horrelako hizkuntza ikastaro bat egitera? Batez ere ez litzateke doakoa izango. Ez zenuke nahiago ohiko ikastaro bat egin eta arriskatu ez?

Zorionez, hipnosiarekin ikas dezakezu lankide talde batekin, edo zeure burua autohipnosi ikasten baduzu. Nahiago nuke bizpahiru pertsonarekin bat egitea gomendatzen, elkarri hipnosia aurkezteko eta hipnotizatutako pertsonari irakasteko.

Bukatzeko, hipnosian ikastea onuragarria da, zeren eta:

- Ikasmateriala oso azkar memorizatzen da.

- denbora luzez geratzen da memorian, ez da ahazten.

- ez da mentalki nekatzen ikaskuntzaren monotoniaz.

Autohipnosia.

Auto-induzitutako hipnosi auto-hipnosi deritzo.

Autohipnosia hipnotizatua trantze batean sartzen denean bakarrik gertatzen da, beste pertsona baten iradokizunik gabe. Hipnotizatua hipnotizatua trantze batean jartzen denean hipnotizatzailearen ahotsarekin zinta bat joz, benetan zeharkako hipnosiaz ari gara, ez autohipnosiaz.

Autohipnosia oso sarri gertatzen da berez, baina oso zaila da kontrolatzea eta praktika behar du. Zure ametsak kontrolatzea bezain zaila da.

Noiz agertzen da berez autohipnosia? Denbora luzez errepidean dauden pilotu eta gidarien ohiko gaitz bat da. Askotan aurrekoa da gurpilean loak hartzea, baina hau ez da araua. Askotan gidatzen baduzu denbora luzez atsedenik gabe, agian ohartuko zara batzuetan "piloto automatikoan" ibili zarela, nire lankide batek esan zuen bezala, gogoratzen dugu errepidean gertatzen ari zena duela momentu bat, edo ez genuen denboraren joana sentitu, ez ginen gidatzen aspertzen.Horrelako egoeran kotxe bat gidatzea hain da arriskutsua, non lo hartu gaitezkeen -gainera, gidaria errepideko egoeraren kontrol osoa du, pixka bat den arren. "Desaktibatuta".

Autohipnosia berez gertatzen den egoerek iradokitzen dute zein modu natural saiatu behar den hura eragiten. Horregatik, estimulu monotonoak objektu bati begiratzearekin konbinatu behar dira, begien finkapena eragiteko. Hemen meditazioarekin antzekotasun bat dago. Pertsonalki, uste dut autohipnosiaren eta meditazioan lortutako egoeraren artean alderik badagoela, haien artean oso marra fin bat dagoela.

* Hipnosian auto-sartzea (auto-hipnosia).

Autohipnosia ikasteko bi modu daude. Trebetasun hori hipnosiaren edo autoikaskuntzaren bidez egokitu daiteke.

a) Hipnosian girotzea hipnotizatzaile batek.

Hau da autohipnosia ikasteko modurik azkarrena eta errazena. Hala ere, ez du bere ikastaroa kontrolatzeko prozesua irakasten; hori esperientziarekin lortzen da.

Akordioa egiten dugu hipnotizadorearekin, hipnosian sartzeko iradokizun post-hipnotikoa aurkeztuko duela. Esaterako, hipnotizatzaileak esaten dizu hipnotizatu egingo zarela esaldia zuk zeuk esaten baduzu: «Adam, «hiru» esaten dudanean autokontrolatutako hipnosian egongo naiz, bat, bi, hiru».

Gero, autohipnotizatzean, nahikoa da esaldi hau esatea eta berehala autohipnosian egotea. Hipnositik irteera eragingo duen seinalea zehaztea ere merezi du. Hobe da iratzargailua izatea. Erraza da denbora mugak mantentzea orduan.

b) Autoikaskuntza.

Ez badugu hipnotizatzailerik ezagutzen, gure kabuz bakarrik ikasiko dugu. Auto-hipnosiaren metodoak ez dira funtsean desberdinak hipnotizatzaileak aktiboki parte hartzen duen metodoetatik.

Autohipnosi "puruan", pertsonak aurrez ikasitako hipnosi-metodoak erabiltzen ditu bere buruan. Jende gehienek oztopo batekin aurkitzen dute une honetan: nola kontrola dezakezu zure burua hipnosipean dagoen bitartean?

Ohi bezala, hipnosia loaren antzeko zerbait dela dioen mito bat dago, eta loa ezin dela kontrolatu. Baina hipnosia ez da loa. Hipnotizatuak egoera erabat kontrolatzen duen beste kontzientzia egoera bat da.

Autohipnosia menperatzeko gakoa "gorputz kanpo" trebetasuna ikastea da.Gogamena gorputzetik bereiztean datza.Orduan gure gogoa hipnotizatzailea da. Hasieran zaila izango da gorputzaren erreakzioak kontrolatzea harekin identifikatu gabe. Hala ere, irudimena duten pertsonek arazo honi oso azkar aurre egin behar diotela uste dut.

Zure bizitza eta ikaskuntza erraztu ditzakezu magnetofono bat erabiliz. Hipnotistek uste duten arren, hori jada ez dela autohipnosia, berdin dio batere axola zure helburua ezagutza eskuratzea den, ez autohipnosia ikastea.

Beraz, magnetofono bat baduzu, zure komandoak zintan graba ditzakezu eta trantze batean sartzen zarenean erreproduzi ditzakezu. Garrantzitsua da zintarekin jarraitzeko arazoak izateaz ez kezkatzea. Saiakera batzuk egin ondoren, erantzunak zintaren erritmorako egokiak izan behar dira. Pazientzia izan eta saiatzen jarraitu behar duzu.

Nola ikasi hipnosipean.

Ikasteko esna eta hipnotikoaren metodoen arteko desberdintasun bakarra da egoera hipnotiko batean sartu behar duzula ikasi aurretik. Horren ondoren, ikaskuntzak ohiko moduan jarraitzen du, izan ezik, behin (edo gehienez bitan) irakurritako materiala ez dela errepikatu behar. Hipnotizatuta, testua betirako gogoratzeko duen gaitasunari dagokion abiaduran irakurtzen du. Batzuk azkarrago egiten dute, beste batzuk motelago.

Denbora behartuta bazaude eta autohipnosian sartzeko arazoak badituzu, lagunekin ongi moldatzea eta elkarrekin ikastea proposatuko dizu, txandaka irakasle hipnotizatzailea eta ikasle hipnotizatua izanda. Bakartuek edo lagunak harritu nahi dituztenek, ordea, autoikaskuntzaren arte zaila dute.

*** Autoikaskuntza.**

Hipnosiaren autoikasketa honako hau izan daiteke:

Gainerako familiari debekatzen diezu, hurrengo bi orduetan, zure gelara sartzea edo zuri telefonoz deitzea, ontziak garbitzea, etab. Era berean, atean kartel bat jartzen diezu "SARRERA EZ" dagokion informazioarekin - horrela, norbaitek ez du ahazten.

Dagoeneko lasaitasuna duzu, beraz, zure ikasmateriala prestatu dezakezu. Hipnosi sakonean sartzeko gai bazara, koadernoak edo liburuak prestatzen dituzu. Plaka batekin bakarrik bada, grabagailu bat (hobe da belarrietan entzungailuak jartzea, ingurunea mozten baitute). Garrantzitsua da testuliburuak erraz eskura izatea eta eskura izatea.

Magnofonoa erabiltzeak desabantaila bat du:

Grabatutako mezuen erreprodukzio tasa normalean ez da bat etorriko hipnotizatuak kontsumitzen dituen abiadurarekin, hau da, zinta zuk baino azkarragoa bada, mezu asko ez dira asimilatuko, zintan egon arren. Modu honetan, zure ezagutzak ikasi ondoren funtzionatzen ez badu (denbora galtze gehigarria), txantxa polit bat egin dezakezu erantzunean edo galdetegian. Hala ere, mezuak zure gogo-egoerak ahalbidetuko lukeena baino motelago erreproduzitzen badira, denbora ere galtzen da. Hala ere, hau aurreko kasua baino hobea da.

Dena den, ikasmateriala erreproduzitzeko abiadura ezin da inoiz modu egokian hautatu, izan ere, egun ezberdinetan, eta baita egun bereko ordu ezberdinetan ere, ikasteko gaitasuna handiagoa edo txikiagoa izango da. Hainbeste faktoreren araberakoa da kontroletik kanpo dagoena. Hipnosia kontrolatzen duen bigarren pertsona batek bakarrik ezar lezake ikaskuntza-erritmo optimoa. Baina zure kabuz ikasten ari zara, beraz, aukera hori ez da existitzen.

Hipnosian sartu baino lehen, ondo ikastera motibatzen zara edozein baieztapen hainbat aldiz errepikatuz, hala nola:

- Pozten naiz ikasteaz.

- Gustura ikasten dut eta erraz etortzen zait burura.

- Ikastea erraza eta dibertigarria da.

- Gaur informazio baliagarri asko jasoko dut. Besteek baino gehiago jakingo dut.

- Pozik nago ikasteaz.

Baieztapen hauek errepikatu behar dituzu (2-3 minutuz).

Barregarriak eta tontoak dirudite, baina oso eraginkorrak dira. Zure motibazio-esaldi propioak sar ditzakezu. Zenbat eta gehiago bat etorri zure nortasunarekin, orduan eta eragin handiagoa izango dute.

Baieztapenen ostean, hipnosira pasatzen gara eta... ikasten dugu!

Azaleko trantze batean, zinta entzuten dugu, sakonean, eskuragarri dauden ikasteko metodo guztiak erabiltzen ditugu, baita atzerriko hizkuntza batean txateatzen ere.

KONTUZ! Trancetik irten aurretik, prozesatutako materiala memorizatzeko aginduak egon behar dira.

* Elkarlaneko ikaskuntza.

Hipnotizatu dezakeen eta hipnosia ikasi nahi duen lagun bat baduzu, zortea duzu. Berarekin hitzordu bat egin dezakezu elkarrekin ikasteko. Esna-egoeran elkarrekin ikasteak ez bezala, non beste pertsona baten presentziak distraitzen duen gehienetan, hipnosian elkarrekin ikasteak abantailak baino ez ditu. Hipnosian azkar sartzeko eta ikasteko ikastaro malgua ahalbidetzen du.

Hipnotizatzaileak ikaslea nola aurreratzen ari den ikusten du eta mezuaren bidalketa moteldu edo bizkortu dezake, eta euskarri aldakorrak erabiltzen ditu (ahozkoak edo grafikoak, etab.).

Egokiena, pertsona bakarra hipnotizatuta egotea ikasketa saio batean, eta bestea beste egun batean. Ikasleak txandaka hipnotizatzeko ikas-sistema bat ez da onena. Ikasteko denbora mugatua izanik, denbora gehiegi galtzen da hipnosian eta egoerak egon daitezke, non, adibidez, indukziorako 10 minutu bi aldiz galtzen diren eta 20 minutu ikaskuntza hutserako. Egoera horretan, hobe da pertsona bakarra hipnotizatzea eta haren azterketari 50 minutu eskaintzea eta besteari beste egun batean irakastea.

Ikaskuntza prozesua honako hau da:

Hipnotizatzaileak trantze batean jartzen du hipnotizatua. Hipnotizatuak trance sakon batean sartzeko arazoak baditu, hipnosi ertainean gelditzen gara. Orduan bere bizitzako gertakari atseginak gogoratzen zaizkio bere ongizatea hobetzeko, eta orduan bakarrik ikasten dugu. Hasieran, ahoz eman daitekeen materiala lantzen da. Geroago bakarrik saiatu zaitezke hipnotizatua trantze sakonago batean sartzen, hipnotizatuak bere kabuz ibiltzeko eta liburuak irakurtzeko aukera emanez. Hipnotizatzailea orduan hipnotizatzaile gisa bakarrik agertzen da - ez da irakaslea. Egoera hau onena da, ikasleak inkontzienteki aukeratzen duelako bere kabuz ikasteko erritmorik onena. Egoera horretan, %100ean ziur egon gaitezke prozesatutako materiala gogoratuko dela.

Hala ere, ezin bada hipnotizatua hain trantze sakon batean sartzea, hipnotizatzaileak zehaztu behar du ikasteko abiadura. Beraz, irakasle ere bihurtzen da, eta horretarako beharbada ez du gaitasunik eduki, adibidez, gaizki irakur ditzake eta horrela hitzak gaizki ahoska ditzake atzerriko hizkuntza batean. Horrelako pertsona batekin hizkuntza bat ikasten saiatu denak badaki zein kaltegarria den.

Gainera, ikaskuntzaren eraginkortasuna gutxitzen da bere erritmoa ikaslea ez den pertsona batek ezartzen badu.

Hipnosian ikastea ez da mentalki nekagarria, hipnotizatuak ez baitu denboraren joana sentitzen. Hala ere, gorputza gehienez kargatuta dago eta, beraz, ez duzu luzeegi ikasi behar. Zenbat ordu ikas dezakezu? Pertsona bakoitzaren ongizatearen eta gaitasunen araberakoa da. Hobe da hasieran laburki ikastea, eta gero ikasketa-denbora handitzea, hipnositik atera ondoren, ikasketa-denbora luzeegia dela eta ikaslea nekatuta dagoela ikusi arte. Modu honetan, ikasteko denbora optimoa zehaztu dezakezu.

Hipnositik irten aurretik, hipnotizatzaileak aginduak eman behar ditu prozesatutako materiala memorizatzeko.

GEHIKETAREN AURKAKO BORROKA

Itxura denaren aurka, hipnosia sarritan erabiltzen dute medikuek etapako hipnotizatzaileek baino. Nahaste psikosomatiko askoren, neurosien, alkoholaren, drogen eta nikotinaren mendekotasunen tratamenduan erabiltzen dute.

Osasuna hobetzen duen faktorea iradokizun hipnotikoak eta post-hipnotikoak dira, baita hipnosi egoera bera ere, askotan erlaxagarria dena berez.

Hori dela eta, trantze hipnotikoa bakarrik erabili ohi da iradokizunik gabe, oso denbora luzez irauten duena (hainbat ordu) eta askotan "lo hipnotikoa" deitzen zaio.

Mendebaldeko klinika askotan, hipnosia alkoholismoaren eta nikotinismoaren tratamendua onartzen duen tekniketako bat da. Bereziki azpimarratu dut "augmentatibo" hitza, borondatea indartzeko eta alkoholarekin edo zigarroekin lotutako erreflexu negatiboen iradokizun post-hipnotikorako erabiltzen delako, ez lehen tratamendu gisa (batez ere norbait medikuarengana joateko beldurra denean).), baina nahikoa ez bada, profesionalen laguntza bilatu beharko zenuke.

ALKOHOLISMOA.

Alkoholismoa gaixotasuntzat hartzen da. Haren tratamendua medikuaren zaintzapean egin behar da, lehenik gorputza desintoxikatu behar delako. Demagun, dena den, norbaitek ez duela bere burua oraindik menpekotzat hartzen eta edatea murriztu nahi duela soilik.

Haustean, merezi du maite baten laguntza jasotzea saioen eraginkortasuna areagotzeko. Eta ez da trantzearen sakontasunaz, gorputza «programatzeko» aukeraz baizik.Hobe da nazka sentsazioa «programatzea», adibidez, zigarro bat ahoan sartuz, aginduak bakarrik baino.

Mendekotasuna kentzea hipnosiarekin hasten da. Bakarrik bagaude, magnetofono bat prestatzen dugu zintan grabatutako agindu egokiak dituena. Norbaitek laguntzen badigu, komandoen zerrenda bat ematen diogu. Haien edukia behean aurkezten da. Berriro ere, ez da beharrezkoa hipnosi sakon batean sartzea emaitza onak lortzeko. Trance hipnotiko batean sartu ondoren, hipnotizatutako pertsonari denbora pixka bat lasaitzen utzi behar zaio eta egoera horretan hainbat minutuz egon behar du. Orduan bakarrik alkoholari "alergia" bat eragiteko iradokizunak egiten hasiko gara

Esate baterako, amoniakoarekin armatuta, bere sudur azpian jar diezaiokegu ur edalontzi batekin alkohol apur batekin eta vodka dela iradokitzearekin batera. Horrela, alkoholaren usainaren aurrean nazka-erreakzioa garatuko dugu.Alkohola edan ondoren nazka-erreflexuak sortzea da hurrengo helburua.

Mendekotasunaren aurkako borrokan, ez dugu ahaztu behar hipnotizatuen borondatea eta autodiziplina areagotzen duten iradokizunak emateaz:

"Ez duzu vodka edateko gogorik izango" etab.

Hainbat iradokizun post-hipnotiko maltzur ere erabil ditzakezu, adibidez, alkohola edateko aukerarik bazegoen edo lankideek vodka edatera gonbidatzen bazaitu, hipnotizatutako pertsonak etxera itzultzeko ezinbesteko derrigortasuna duela agindu beharko zenuke iradokizun post-hipnotikoan. beste zerbait nahi izatea, edo, azken aukera gisa, gaizki sentitzea. Halako iradokizun post-hipnotikoek edateko aukerak oso modu eraginkorrean ezaba ditzakete.

Erretzea.

Zigarroak erretzea hipnosiaren bidez eraginkortasunez desagerrarazi daitekeen ohiko ohitura da. Noski, merezi du nikotina edukia duen txikle berezia murtxikatzea gorputzean nikotina-irria murrizteko, baina arazo nagusia, mendekotasun horren kasuan gainditzeko oso zaila, erretzeari buruzko gutun-azal osoa da. Erretzeari uzten diotenek ez dakite zer egin ahoarekin eta eskuekin. Aurpegien eta keinuen mapa berri bat sortu behar dute. Zigarroentzako lekurik ez dagoen mapa bat, eta segurtasun psikologikoa mantentzeko aukera emango diena.

Hori dela eta, zigarroen aurkako borrokan lehen urratsa haiekin lotutako erreflexu tipikoen zerrenda sortzea da. Merezi du ispiluaren aurrean eserita egotea eta hainbat egoera tipiko, estresagarri eta dibertigarri irudikatzea (edo gogoratzea), zure jokabidea arretaz behatuz. Zigarroa pantaila bat dela agerikoa den egoerak zerrendan sartu behar dira. Ondoren, erretzaile ez direnek antzeko egoeretan nola jokatzen duten beha dezakezu eta haietatik hipnosian grabatu daitezkeen keinuak maileguan hartu. Gainera, hipnosiaren helburua zigarroekiko higuina iraunaraztea da. Emaitza onenak tabako kearen usainarekiko higuina iraunaraziz lortzen dira. Itxura den arren, gizakiak usaimen oso sentikorra du. Norbaitek usain "zakitua" badu, denak baztertuko ditu zalantzarik gabe.Era berean, zigarroaren kearen usaina norbaitentzat desatsegina bada, zigarroak saihestuko ditu.

Prozedura hau da:

Trance hipnotikoan sartu eta gero, hipnotizatuari ahoan piztutako zigarro bat sartu eta sudurraren azpian amoniako pote bat jarri diogu. Horrela, nikotinaren usainarekiko nazka erreflexua garatzen saiatzen gara.

Terapia onartzen dugu zigarroen nahia beste irrika batzuetara aldatzen duten iradokizunekin, adibidez, txiklea edo fruta.

Gehiegizko jatea.

Gaixotasun honek mundu honetako ia pertsona guztiei eragiten die. Batzuek (zorionez!) ez dituzte haren ondorioak sumatzen, ikusgarriagoak direnek bederen gizentasuna bezalakoak, baina badira itxurarekin eta osasunarekin ordaintzen dutenak ere.

Hipnosia kasu honetan nahiko eraginkorra da, nahikoa baita elikadura-ohiturak aldatzea emaitza sentsagarriak lortzeko eta behin betiko ahaztea gehiegizko jatearen eta ondorengo baraualdien artean dieta miragarriekin konbinatuta zozketatzea.

Ohitura aldaketari ekingo diogu egungo elikaduraren desabantaila nagusiak jasotzen dituen zerrenda bat eginez, adibidez txokolate gehiegi, gozoki, etab. edo dieta koipetsuegia (gazta, haragi koipetsua). Horrela, hipnosian estigmatizatu beharreko elikagaiak zeintzuk diren zehaztuko dugu.

Kontuan izan elikagaiak ez ditugula estigmatizatzen (horrek anorexia ekar dezake), bere osagai indibidualak baizik. Orokorrean, ez gara jaten dugun janari kopurua murrizten saiatzen, baizik eta haren osaera osasungarriagoa eta kaloriko gutxiagoko batera aldatu nahi dugu.

Bizimodua aldatuz bakarrik murriztu daiteke janari kopurua. Norbaitek bizimodu aktibo eta lanpetua daramanean, ez dago jateko astirik. Egun osoan norbait telebista, liburu baten eta abarren aurrean esertzen bada, okasioan mokadu ohi du. Garrantzitsua da berdeetatik zerbait jatea, ez kaloria handiko elikagaiak.

Horregatik, hipnosian barazkiak eta frutak jatera bultzatzeko proposamenak ematen ditugu.

Trikimailu hau erabil daiteke:

Hipnotizatutako pertsonaren sudur azpian usain atsegina duten janaria jarriz, gosea eragiteko xedea duena, fruta eta barazkiak bakarrik zerbitzatzen ditugu jateko. Aldi berean, janari mota hau goraipatzen duten iradokizunak ematen ditugu.

Behaketak eta aholkuak

Hipnosiaren hasierako aldian, hipnotizatzaileak bere "ospea" kaltetzen duten eta ondorio handiagoak ere mehatxatzen dituzten akats asko egiteko jasaten du.Horregatik, nire aholkuak eta behaketak zein abisuak baliagarriak izan daitezkeela uste dut.

1. Gizona bazara, hobe da inoiz neskarik ez hipnotizatzea bakarrik. Berak sexu abusuengatik salatzeko arriskua duzu. Okerrena zera da, benetan gertatu zela sinestea. Beraz, bere sinpatia edo adiskidetasuna galdu dezakezu horrelako zerbait komunean baduzu.

2. Hipnosian, ez eman hipnotizatutako pertsonarengan indisposizio iraunkorra eragin dezaketen aginduak, adibidez, "Ez zara goserik izango, ez zara goserik izango".

3. Gogoratu agindu batzuek nahi denaren aurkako erreakzioa sor dezaketela, adibidez, ezin duzula esan: "Ez duzu eskua sentitzen, ez duzu minik sentitzen...", kontrako erreakzioa eragin eta eragin dezakeelako. min organikoa edo eskuaren gaitasungabetzea. Minarekiko sentikortasunik eza lortu nahi badugu, "... orain ez zaituztedala ukitu pixka batean sentituko, ez duzu sentsazio desatseginak sentituko pixka batean...".

4. Inoiz ez zaitez konbentzitu hipnotizatuari jarraibide umiliagarriak emateko, adibidez, mahai azpian zaunka egitea, eranztea, etab., edo harengandik sekretuak edo xehetasun intimoak ateratzeko. Horrelako zerbait egiten baduzu, ikaskideen errespetua galduko duzu. Baita horretara animatu zaituztenak ere.

5. Ez erabili eszena hipnotizatzeko teknika sarriegi (pertsona beraren gainean) denbora gutxian. Haren neurosia "eman" diezaiokezu horrela.

6. Hipnotizatzeko gogorik ez zaudela sentitzen baduzu, ez hasi saioa, norbaitek tematu arren.

7. Askotan hipnotizatzaileek pasahitz batera baldintzatzen dute hipnotizatua (iradokizun post-hipnotikoz baldintzatuta), geroago trantze batean errazago jartzeko. Hau ere egin dezakezu, baina gogoratu pasahitz honek hain ezohikoa izan behar du, ezen bizitzako egoera arruntetan agertu ezin daitekeela.

8. Ez kezkatu inoiz zure aginduek barre egiten badizute. Denek galtzen dute barre egiteko gogoa pixka bat igaro ondoren.

9. Festa batean hipnotizatu nahi baduzu, eta ezin baduzu teknika dinamikorik erabili, edo teknika horretarako egokia den pertsonarik ez badago, zoaz beste gela batera eta hipnotiza ezazu aukeratutako pertsona beste teknika batekin. Orduan bakarrik gonbidatu gainerako konpainiak dibertsioarekin jarraitzera.

10. Pertsona bat hipnotizatzen baduzu, esan superstiziotsua, gizakiaz gaindiko ahalmenez hornitutako pertsona baten itxura egin dezakezu, baina ez sortu zeure burua erabilgarri ez den pertsona gisa. Izan beti jatorra eta jatorra.

11. Inoiz ez erakutsi beldurrik hipnotizatuari. Konfiantza izan beti. Hipnotizatuaren kontrola galtzen baduzu, ez erakutsi.

12. Gogoratu hipnotizatuaren kontrola galtzen baduzu trantzetik berehala atera behar duzula.Ohiko metodoa erabil dezakezu, edo agindu absurdoak emanez. Huts egiten baduzu, eta hipnotizatuak ez badu nahasten, utzi bakean eta utzi lo egiten.

13. Aukeratzen duzun pertsona hipnotizatzen ez baduzu - ez kezkatu. Mesedez, hautatu beste bat edo saiatu beste behin. Praktikak perfektua egiten du. Hipnotizatua ere bai.

14. Hipnotizatuta dauden pertsonek sarritan ukatu egiten dute trantze hipnotikoan egon zirela trantzetik atera ostean. Hala egin dutela diote. Horrela, hipnotizatzailearen aldartea eta sinesgarritasuna hondatzen dute. Hipnotizatutako subjektuari iradokizun post-hipnotiko eraginkorrak ematen badiote, hipnosiaren eraginkortasunik ezaren inguruko aldarrikapenak penagarriak izango dira. Beraz, beti merezi du hipnosian gutxienez horrelako iradokizun bat sartzea.

15. Inoiz ez saltatu hasierako elkarrizketa bat. Hau da hipnotizatzaile hasiberrien, ezjakinen edo konfiantza gehiegizkoen akatsik ohikoena. Sarrerako elkarrizketa labur batek ere asko esan diezazuke hipnotizatutako pertsonari buruz eta errazagoa izan daiteke trantze batean jartzea.

16. Gorde koaderno bat, non zure garaipen, porrot eta ohar guztiak erregistratzen dituzun. Horrela, etengabe garatuko zara. Nahiz eta hipnosia pixka bat utzi, urteak geroago bertara itzuli eta dena gogoratu ahal izango duzu.